Os três caminhos
da vida espiritual

**Dados Internacionais de Catalogação na Publicação
(CIP)(Câmara Brasileira do Livro, SP, Brasil)**

São Boaventura, 1221-1274
  Os três caminhos da vida espiritual / São Boaventura ; tradução de Frei Saturnino Schneider, OFM. – Petrópolis, RJ: Vozes, 2024. – (Série Clássicos da Espiritualidade)

  Título original: De triplici via alias incendium amoris

  1ª reimpressão, 2025.

  ISBN 978-85-326-6658-1

  1. Direção espiritual – Ensino bíblico 2. Oração – Cristianismo – Meditações 3. Vida cristã – Igreja Católica I. Título. II. Série.

23-178984   CDD-242

Índices para catálogo sistemático:
1. Vida espiritual : Igreja Católica : Cristianismo
242

Eliane de Freitas Leite – Bibliotecária – CRB 8/8415

Os três caminhos da vida espiritual

São Boaventura

Tradução de Frei Saturnino Schneider, OFM

Petrópolis

Tradução do original em latim intitulado
De triplici via alias incendium amoris

© desta tradução:
2024, Editora Vozes Ltda.
Rua Frei Luís, 100
25689-900 Petrópolis, RJ
www.vozes.com.br
Brasil

Todos os direitos reservados. Nenhuma parte desta obra poderá ser reproduzida ou transmitida por qualquer forma e/ou quaisquer meios (eletrônico ou mecânico, incluindo fotocópia e gravação) ou arquivada em qualquer sistema ou banco de dados sem permissão escrita da editora.

CONSELHO EDITORIAL

Diretor
Volney J. Berkenbrock

Editores
Aline dos Santos Carneiro
Edrian Josué Pasini
Marilac Loraine Oleniki
Welder Lancieri Marchini

Conselheiros
Elói Dionísio Piva
Francisco Morás
Teobaldo Heidemann
Thiago Alexandre Hayakawa

Secretário executivo
Leonardo A.R.T. dos Santos

PRODUÇÃO EDITORIAL

Anna Catharina Miranda
Eric Parrot
Jailson Scota
Marcelo Telles
Mirela de Oliveira
Natália França
Priscilla A.F. Alves
Rafael de Oliveira
Samuel Rezende
Verônica M. Guedes

Editoração: Giulia Araújo
Diagramação: Littera Comunicação e Design
Revisão gráfica: Nilton Braz da Rocha
Capa: Editora Vozes
Ilustração de capa: Lúcio Américo de Oliveira

ISBN 978-85-326-6658-1

Este livro foi composto e impresso pela Editora Vozes Ltda.

Sumário

Prefácio, 5

Prólogo, 15

Capítulo I – Da meditação, pela qual a alma é purificada, iluminada e aperfeiçoada, 17

§1 – Da purificação da alma e do seu tríplice exercício, 17

§2 – Da iluminação da alma e do seu tríplice exercício, 25

§3 – Da perfeição da alma e do seu tríplice exercício, 29

§4 – Conclusão, 31

Capítulo II – Da oração, pela qual a alma deplora a própria miséria, implora a misericórdia divina e adora a Deus, 33

§1 – Da tríplice deploração da miséria, 34

§2 – Da tríplice imploração da misericórdia, 35

§3 – Da tríplice adoração a Deus, 37

§4 – Nota suplementar – Os seis graus do amor divino, 40

§5 – Recapitulação, 44

Capítulo III – Da contemplação, pela qual a alma alcança a verdadeira sapiência no repouso da tranquilidade, pelo esplendor da verdade, e com a doçura da caridade, 46

§1 – Preâmbulo, 46

§2 – Da via purgativa ou dos sete degraus que conduzem a alma ao sopor da tranquilidade pela confiança em Deus, 48

§3 – Da via iluminativa ou dos sete degraus que levam ao esplendor da verdade pela imitação de Cristo, 50

§4 – Da via unitiva ou dos sete degraus que conduzem à doçura da caridade pela inspiração do Espírito Santo, 57

§5 – Recapitulação, 60

Três notas suplementares, 63

I – Outra classificação dos estágios ou degraus dos três caminhos da perfeição, 65

II – Os dois modos de contemplar as coisas divinas: pela afirmação e pela negação, 70

III – As disposições da alma no progresso espiritual, 76

Prefácio

Por Frei João Mannes[1]

São Boaventura de Bagnoregio (1217-1274) é um dos maiores expoentes da Ordem dos Frades Menores e um dos gênios mais imponentes da teologia e da mística cristãs. Foi Ministro Geral da Ordem durante dezessete anos e, no exercício desse ministério, publicou vários opúsculos místicos. Este, *Os três caminhos da vida espiritual (De Triplici Via)*, que a Editora Vozes oferece ao público brasileiro, é um dos mais importantes escritos místicos da espiritualidade cristã e franciscana.

O opúsculo foi escrito, provavelmente, nos meses que se seguiram à elaboração do *Iti-*

---

[1]. **Frei João Mannes, OFM**, da Província Franciscana da Imaculada Conceição do Brasil, SP. Mestre e doutor em Filosofia, com especialização em Pensamento Franciscano, pela Pontifícia Universidade Antoniana, em Roma.

nerarium Mentis in Deum, em 1259. Trata-se de um manual de espiritualidade no qual Boaventura dispõe em forma condensada as três linhas mestras de sua espiritualidade. Neste opúsculo indica-se à alma humana, ávida de seguir a Jesus Cristo, o tríplice esforço ascético que deve fazer na sua subida até Deus: purificação, iluminação e perfeição.

As três vias da vida espiritual não são caminhos separados, paralelos ou sucessivos, mas são itinerários, graduais e progressivos, que se implicam simultaneamente: a purificação (meditação), da qual resulta a Paz; a iluminação (oração), que conduz à Verdade; e a perfeição (contemplação), que culmina na Caridade. Desse modo, a ascese de renúncia ao pecado (purificação) nos conduz ao conhecimento da Verdade (iluminação) e à mais alta elevação da alma humana a Deus (perfeição).

A via da purificação

No caminho de ascensão a Deus, destaca-se, primeiramente, a ascese da purificação, que se alcança por meio da meditação. Nesta fase, a alma humana recorda-se e arrepende-se dos pecados que afligem a sua consciência. A via purgativa requer, portanto, a libertação da alma de suas múltiplas negligências, concupiscências e malevolências para que, com o coração puro e consciência retificada pelo zelo, austeridade e benevolência, considere o verdadeiro bem a que deve aspirar. Nesse sentido, adverte Boaventura, "é dever de cada homem arrepender-se do mal cometido, repelir as tentações diabólicas, e progredir de virtude em virtude até chegar à terra da promissão" (*Tripl. via* I, 4).

No entanto, a libertação do apego às coisas materiais, bem como de todos os vícios e pecados, não só se alcança por meio do exercício da meditação, mas, sobretudo, pela misericórdia divina. A imploração da misericórdia deve ser feita com intensidade de desejo, com esperança e com insistência, segundo nos inspira o Espírito Santo, "que advoga por nós com gemidos inefáveis" (Rm 8,26). A graça da misericórdia divina é fundamental para a extinção de todos os pecados. No entanto, reitera Boaventura, "não poderemos obtê-la [a graça da misericórdia] se não começarmos por chorar a nossa miséria e confessar a nossa indigência" (*Tripl. via* II, 1). Isso significa que o itinerário em busca de Deus, na visão de Boaventura, só é possível, desde o princípio, pelos esforços conjugados da vontade humana e da graça divina.

A via da iluminação

O exercício de iluminação da alma humana consiste em deixar-se guiar pela luz da inteligência, por sua vez iluminada pelo esplendor da Verdade. De modo que é mediante a graça da iluminação divina que a inteligência humana é capaz de ver com clareza os pecados que cometeu, implorar a misericórdia divina e receber os bens prometidos por Deus aos que nele creem e o amam.

A iluminação da alma corresponde, então, ao trabalho de nos deixar iluminar pela "luz verdadeira, que ilumina todo homem que vem a este mundo" (Jo 1,9). E assim, aos poucos, ela clareia e dissipa todas as obscuridades que cegam a alma humana, petrificam o nosso coração e nos tornam autossuficientes, individualistas, gananciosos e indiferentes às necessidades dos nossos irmãos e irmãs. Por isso, devemos incessantemente ouvir com os ouvidos do coração a Palavra do Filho de Deus encarnado, que é "espírito e vida"; e, pela prática dos valores do Evangelho de Jesus Cristo, combater as trevas dos vícios e pecados.

Por conseguinte, o empenho de superar um estilo de vida entrincheirada nos interesses individuais para conformar-se a Jesus Cristo, sob a Luz que dissipa as trevas da ignorância, do pecado e da sombra da morte (Lc 1,79), não significa desprezo da matéria, nem fuga do mundo sensível. Pelo contrário, à medida que o místico franciscano adere completamente a Deus pela meditação e a oração, experimenta o vínculo íntimo que existe entre Deus e os seres da criação, e sente-se, sobretudo, imensamente grato, feliz e irmão do Filho, o qual, pela encarnação, se tornou nosso irmão. Alcança-se a perfeição por meio da gratidão e da alegria em reconhecimento da utilidade e do alto valor dos bens recebidos da liberalidade inesgotável de Deus.

A via da perfeição

A alma humana, totalmente desprendida do apego às criaturas e de si mesma, alcança o ápice da perfeição na união mística com Deus. Só Deus nos satisfaz por completo e, por isso, Ele quer que o amemos e o desejemos acima de todas as coisas e só por amor dele mesmo. Em outras palavras, é o coração inflamado de amor pelo esposo Jesus Cristo que nos assegura a presença daquele que é sumamente desejável.

Por conseguinte, o infinito desejo de se unir a Deus é uma manifestação da graça divina atuando na interioridade humana. Em outras palavras, o amor do Pai, derramado sobre nós por meio do Espírito, ascende na alma humana o ardente desejo de amá-lo com todas as suas forças e a Ele ficar unido para sempre. O encontro amoroso com Deus nos dispõe a morrer por todos, a exemplo do Senhor e Servo Jesus Cristo. Convém, então, progredir no amor divino, pois só se chega ao perfeito amor do próximo "depois de haver chegado ao perfeito amor de Deus, por cujo amor se ama ao próximo, que só em Deus pode ser perfeitamente amado" (*Tripl. via* II, 8). Neste grau de perfeição se encontrava o apóstolo quando dizia: "Quem nos separará do amor de Cristo?" (Rm 8,35).

Para Boaventura, São Francisco de Assis, sob a inspiração do Espírito Santo, percorreu exemplarmente as vias que conduzem ao repouso da Paz, ao esplendor da Verdade e à doçura da Caridade. O pobre de Assis, inteiramente purificado, iluminado e absorto em Deus, contempla o universo a partir da perspectiva de Deus. Francisco vê todas as coisas em Deus e Deus em todas as coisas.

Na experiência mística franciscana, o mistério da Trindade divina toca na raiz de cada criatura e, consequentemente, todos os seres do universo estão entrelaçados pelo amor de Deus a cada uma das suas criaturas. Compreende-se, então, que a linguagem ternária de Boaventura decorre de sua leitura do universo como "espelho" do mistério de Deus, Uno e Trino.

Enfim, desejo a todos os leitores e leitoras que, impulsionados pelo infinito amor de Deus insuflado na alma humana, progridam espiritualmente pelos três caminhos da vida espiritual: a via purificativa, para expelir da alma o pecado (Paz); a via iluminativa, para conformar-se a Jesus Cristo (Verdade); e a via unitiva, para alcançar a comunhão perfeita com Deus e com todas as criaturas (Amor). E concluímos com a certeza bonaventuriana de que "os princípios expostos neste opúsculo merecem atento e diligente estudo, porque deles emana, deveras, a fonte da vida" (*Tripl. via*, III, 14).

Prólogo

> *Eis, de três modos, exposta a minha doutrina*
> (Pr 22,20).

Todas as ciências trazem em si a marca da Trindade; mas, de todas, a que melhor a conserva é a de que se aprende na Sagrada Escritura. Dela disse o sábio que foi por três formas ensinada, por causa dos três sentidos espirituais que encerra: o moral, o alegórico e o anagógico (ou místico), os quais correspondem aos três atos hierárquicos da vida espiritual: a purificação, a iluminação e a perfeição. A purificação produz a paz, a iluminação conduz à verdade e a perfeição realiza a caridade.

Estes três atos, frequentemente praticados, dão a felicidade à alma e, quanto melhor praticados, mais lhe aumentam os méritos. No conhecimento desses três atos é que se funda a ciência de toda a Sagrada Escritura, e dele é que depende o merecimento da vida eterna.

Três são os exercícios que facilitam a sua realização: – a meditação, a oração e a contemplação.

Capítulo I

Da meditação, pela qual a alma é purificada, iluminada e aperfeiçoada

Comecemos por examinar o que é a meditação. Saibamos que existem em nosso espírito três faculdades pelas quais se exercem aqueles três atos da vida espiritual: a consciência, a inteligência e a sapiência. Portanto, quem quiser se purificar, dirija contra si o acúleo da consciência; quem precisar se iluminar, recorra à luz da inteligência; e quem desejar tornar-se perfeito, aqueça-se ao calor da sapiência. É o que aconselha a Timóteo o bem-aventurado Dionísio[2].

§1 – Da purificação da alma e do seu tríplice exercício

Para que o acúleo da consciência seja convenientemente empregado, deve cada um pri-

---
2. *Mystica theologica*, cap. 1, §1.

meiro suscitá-lo, depois aguçá-lo e, enfim, retificá-lo. Suscita-o a recordação dos pecados; aguça-o o exame de si mesmo; retifica-o a consideração do bem.

1 – A recordação dos pecados tem por fim exprobrar à alma as suas múltiplas negligências, concupiscências e malevolências; pois que todos os nossos defeitos e pecados, tanto os atuais como os habituais, podem reduzir-se a esses três.

A – Com respeito às negligências examine cada um:

a. Em primeiro lugar, se foi negligente na guarda do coração, no emprego do tempo e na direção das ações. Esse tríplice exame deve ser rigoroso, pois que cada um deve sempre e com o máximo cuidado guardar puro o seu coração, empregar utilmente o seu tempo, e dirigir todas as suas ações para o fim devido.

b. Em segundo lugar, verifique se foi negligente na oração, na leitura espiritual e na execução das boas obras. Nesses três propósitos deve se exercitar com diligência e aplicação quem deseja produzir bons frutos no tempo adequado. De resto, nenhum deles pode ser eficazmente praticado se os outros não o forem conjuntamente.

c. Em terceiro lugar, excogite se foi negligente em fazer penitência, em resistir ao mal e em progredir no bem; porque é dever de cada homem arrepender-se do mal cometido, repelir as tentações diabólicas, e progredir de virtude em virtude até chegar à terra da promissão.

B – Acerca das concupiscências, inquira cada qual se existem em sua alma desejos de voluptuosidade, de curiosidade ou de vaidade, nos quais se enraízam todos os males.

a. Deseja as voluptuosidades quem deseja o que é delicado, o que é deleitoso e o que é carnal, isto é, quem deseja vestuários graciosos, alimentos saborosos, prazeres luxuriosos. Sendo repreensível consentir em tais desejos, é dever do homem reprimi-los logo que apontem.

b. A curiosidade se manifesta em quem deseja saber o que é secreto, ver o que é formoso, possuir o que é precioso. Tudo isto denuncia um ânimo cheio de cobiça e condenavelmente indiscreto.

c. Deseja vaidades quem deseja receber favores, elogios ou honrarias, que são vaidades e tornam o homem vão. De todas essas ambições deve cada um arguir-se com severidade.

C – Enfim, a respeito das malevolências, examine cada um se sente ou já sentiu em si as emoções más da cólera, da inveja, da apatia.

a. A cólera se esconde na intenção ou se descobre nos gestos e nas palavras; isto é, passa do coração ao rosto e à voz; revela-se nos desejos, nos ditos, nos atos.

b. A inveja, que é o tédio e o aborrecimento do esforço espiritual, enche o coração de suspeitas maldosas, de pensamentos blasfemos, de detrações malignas. Todas essas maldades são detestáveis.

O resultado desses três exames, triplicados pelo modo indicado, deve ser a excitação e o estímulo da consciência a fim de que a alma, pela recordação dos pecados, se encha de amargura e de arrependimentos.

* * *

Depois de haver suscitado o acúleo da consciência, é mister aguçá-lo pelo exame da própria alma.

Três coisas devem ser lembradas neste exame: o dia da morte, sempre iminente; o sangue de Cristo, sempre recente; e a face do Juiz, sempre presente.

1 – O dia da morte é indeterminável, inevitável, irrevogável. Se entendermos bem este pensamento, trataremos com a maior diligência e enquanto o tempo nos é dado de nos purificarmos de toda negligência, de toda concupiscência, de toda malevolência. Quem quererá conservar-se em estado de pecado, se

não está certo de ter o dia de amanhã para se arrepender?

2 – O sangue de Cristo foi derramado na cruz a fim de lavar os corações dos seus pecados, restaurar a graça nas almas e fertilizar a aridez dos espíritos. Por outro modo, o seu efeito é sanear os corações, purificar as almas, fecundar os espíritos.

Quem deixará permanecer em si a mancha das negligências, das concupiscências ou das malevolências se refletir que para lavá-las é que foi derramado aquele preciosíssimo sangue?

3 – A face do Juiz em que devemos é a de um juiz infalível e inelutável. Nada escapa à sua ciência, nada abranda a sua justiça, ninguém foge à sua vindita. Para esse Juiz, do mesmo modo que nenhuma boa ação ficará sem recompensa, também nenhum mal ficará sem castigo.

Quem, em tal pensamento, deixará de combater em si toda tendência para o mal?

* * *

Vejamos agora como se há de retificar, pela consideração do bem, o acúleo da consciência.

Três são as qualidades cuja aquisição contribui para retificar a consciência: o zelo, que corrige a negligência; a austeridade, que combate a concupiscência; e a benevolência, que se opõe à malevolência. Quem possuir essas três qualidades, possui a consciência boa e reta. É o que diz o Profeta Miqueias (6,2): "Vou te ensinar o que é bom e o que o Senhor exige de ti: pratica a justiça, ama a misericórdia e procede cuidadosamente com Deus". O mesmo ensinou o Senhor pelo evangelista São Lucas (12,35): "Tende cingidos os vossos rins e nas vossas mãos lâmpadas acesas; e sede semelhantes a homens que esperam o seu amo na volta das bodas para que lhe abram a porta logo que ele chegar e bater. Bem-aventurados os servos que o Senhor, ao chegar, encontrar vigiando".

a. O zelo é a qualidade que precede as outras. Pode ser definido: uma certa energia da alma, inimiga de qualquer negligência, e que instiga a fazer todas as obras de Deus com atenção, com confiança e com discernimento.

b. Austeridade é um certo rigor de espírito que refreia as concupiscências e habilita o homem a amar o que é árduo, o que é pobre e o que é vil.

c. A benevolência é uma certa brandura da alma, contrai a malevolência, inclina à benignidade, à tolerância e à alegria espiritual.

Termina nesta fase a purificação que se alcança por meio da meditação porque uma consciência pura se conserva sempre alegre.

Quem deseja se purificar exerça, portanto, sua consciência como foi dito acima.

Esse exercício pode começar por qualquer dos atos que descrevemos. Mas, de um se passará ao outro somente depois de sentir a alma perfeitamente tranquila e serena, porque são estes os frutos da alegria espiritual e os ensinamentos para prosseguir avante e acima.

Iniciado, deste modo, pela amargura da consciência, o trabalho da purificação da alma, finaliza no sentimento da alegria espiritual; e o que foi começando com dor, é acabado com amor.

§2 – Da iluminação da alma e do seu tríplice exercício

Depois dos exercícios de purificação, seguem-se os de iluminação da alma, para o que é mister recorrer à luz da inteligência. Essa luz primeiro se dirigirá sobre os pecadores perdoados, se estenderá, em seguida, sobre os benefícios recebidos, e, enfim, se fixará sobre as recompensas prometidas.

1 – A luz da inteligência há de se dirigir sobre os pecados que Deus já perdoou, porque foram numerosos os que já cometemos e tão grandes quanto os males a que estávamos afeiçoados e os bens de que merecíamos ser privados.

O assunto da meditação precedente foi semelhante a este: mas agora precisamos considerar não só o mal que fizemos, mas também o que teríamos feito se Deus houvesse permitido.

À medida que refletirmos sobre isto com atenção, as trevas da nossa alma serão dissipadas pela luz da inteligência e começaremos a sentir por Deus uma calorosa gratidão, sinal certo de que essa iluminação procede verdadeiramente do céu, fonte, ao mesmo tempo, da claridade e do calor.

Esta é a ocasião própria para render graças a Deus pela remissão dos pecados que cometemos ou que possivelmente teríamos cometido em consequência da fraqueza ou da perversidade do nosso próprio querer.

2 – A luz da inteligência deve se estender, em seguida, sobre os benefícios recebidos. Estes são de três gêneros: uns dizem respeito à natureza, outros à graça, e outros à superabundância de ambas.

Quanto aos dons naturais, temos de agradecer a Deus a integridade do corpo, a saúde do organismo; a nobreza do sexo; sentidos aptos ao seu uso, como a vista perspicaz, ouvido aguçado, língua discreta; e, também, qualidades espirituais, como inteligência clara, juízo reto, ânimo benigno.

Os auxílios da graça são, primeiro, os que Deus nos proporcionou pelo batismo, que suprime a culpa, restitui a inocência e confirma na justiça, tornando-nos dignos da vida eterna; em segundo lugar, os que nos dá pelo sacramento da penitência, o qual nos é concedido no tempo conveniente, quando a alma o requer, e condignamente à grandeza da religião; por último, os que confere pelo sacerdócio, o qual estabelece os autênticos administradores da doutrina, do perdão e da Eucaristia, pelas quais nos é comunicada a vida sobrenatural.

Enfim, medite-se a superabundância de dons que Deus nos concede: os que encerra o universo todo, no qual os seres inferiores se destinam ao nosso serviço, os iguais ao meritório exercício das nossas faculdades, e os superiores ao nosso patrocínio; os que representa a descida à terra do seu próprio Filho, o qual, pela encarnação, se tornou nosso irmão e amigo, pela Paixão, o preço do nosso resgate e, pela Eucaristia, o nosso alimento cotidiano; finalmente, os que transmite o Espírito Santo, que nos dá a certeza de sermos agradáveis a Deus, nos confere o privilégio da sua adoção e a aliança da sua amizade, e assim torna a alma cristã amiga, filha, esposa de Deus.

Tais dádivas são inestimáveis e a sua meditação deve inspirar à alma grande admiração e gratidão por Deus.

3 – Resta-nos explicar como a luz da inteligência, refletindo-se sobre os bens que nos foram prometidos, reverte à origem de todo bem, que é Deus.

Por isso, é preciso, com frequência e atenção, considerar que Deus nunca mente (Tt 1,2) e aos que nele creem e o amam prometeu a extinção de todos os males, a companhia de todos os santos e a satisfação de todos os desejos, dando-se Ele próprio, que é a origem e o fim de todos os bens e bem tamanho que excede a todos os desejos, a todos os cálculos, a todas as esperanças dos homens.

Desse bem insuperável Deus nos quer julgar dignos desde que o amemos e o desejemos acima de todas as coisas e só por amor dele mesmo; a Ele, pois, devemos tender com todos os impulsos, todos os afetos, todas as forças da nossa alma.

§3 – Da perfeição da alma e do seu tríplice exercício

Estudemos, agora, como nos poderemos aperfeiçoar aquecendo-nos ao calor da sapiência. Conseguir-se-á isto concentrando, avivando e elevando esse calor.

1 – Para concentrá-lo é mister recolher e dirigir só para Deus o amor que dispersamos pelas criaturas. Nada mais necessário, porque o amor das criaturas geralmente não nos aperfeiçoa, e quando nos aperfeiçoa não nos descansa, e quando nos descansa não nos satisfaz, porque só Deus nos satisfaz por completo.

2 – Para ativar esse calor devemos considerar que o amor de Deus supre a todas as

necessidades humanas, provê de todos os bens aos bem-aventurados, e assegura a posse do que é sumamente desejável.

3 – Para elevar o calor da sapiência é preciso subir acima de tudo o que é sensível, imaginável e inteligível.

Diga a alma consigo que Aquele a quem ama não pode ser percebido pelos sentidos; não pode ser visto, nem ouvido, nem provado, nem tocado; não pode ser sentido e, entretanto, é sumamente desejável.

Considere, também, que esse mesmo Ser não pode ser representado pela imaginação, porque não tem limites, nem feitio, nem número, nem superfície, nem idade; não é imaginável e, entretanto, é imensamente desejável.

Termine refletindo que o mesmo Ser não pode ser apreendido pela inteligência, pois que escapa a toda demonstração, a toda definição, a toda opinião, a toda avaliação, a toda investigação; que, portanto, não é inteligível e, entretanto, é imensamente desejável.

§4 – Conclusão

É assim que pelo exercício da meditação sobre os atos mais adequados à purificação, iluminação e perfeição da alma se adquire a ciência que a Sagrada Escritura encerra.

Esse exercício deve ser frequentemente repetido pelo modo indicado. Porque, na verdade, toda meditação bem conduzida há de versar: ou sobre as obras do homem (por exemplo: que faz o homem, que deve fazer, quais são os seus motivos de agir?); ou sobre as obras de Deus (o qual, por exemplo, promovendo as obras da criação, da redenção e da glorificação, criou todas as coisas do nada, tantos benefícios fez ao homem, tantos malefícios lhe perdoou e tanta felicidade lhe promete); ou sobre as fontes de ambas essas obras (isto é, a alma e Deus e as relações que devem ter entre si).

A isto é que se hão de dirigir todas as nossas atenções, porque o escopo de todo raciocínio e operação mental é formar pela experiência o conhecimento; nisso consiste a verdadeira sabedoria.

Tal meditação deve ser praticada com todos os recursos do espírito: razão, sindérese[3], consciência e vontade. A razão perquire e formula o problema; a sindérese define e pronuncia o julgamento; a consciência testemunha e confirma; a vontade escolhe e resolve.

Eis um exemplo: a razão indaga o que deve ser feito a um homem que violou o templo de Deus. A sindérese responde que deve ser condenado à morte ou à penitência para que o sofrimento o purifique. A consciência, então, exclama: "esse homem, és tu mesmo. Tens de escolher: ou a danação, ou os tormentos da penitência". – Enfim, a vontade escolhe, e porque recusa a danação eterna, aceita os suplícios da penitência.

Este exemplo diz respeito à fase da purificação; procedimento idêntico será aplicado às duas outras fases da vida espiritual, a iluminação e a perfeição.

---

3. Sindérese é a atração das potências alma e, especialmente, da inteligência, para o bem.

Capítulo II

Da oração, pela qual a alma deplora a própria miséria, implora a misericórdia divina e adora a Deus

Depois de havermos explicado como se chega, pela meditação, à verdadeira sabedoria, explicaremos como se alcança o mesmo resultado pela oração.

Na oração se distinguem três partes ou graduações: pela primeira, se deplora a própria miséria; pela segunda, se implora a misericórdia divina; e pela terceira, se adora a Deus com o culto da latria. Não podemos, no entanto, prestar a Deus este culto se dele não recebemos a graça necessária; e não poderemos obtê-la da sua misericórdia se não começarmos por chorar a nossa miséria e confessar a nossa indigência.

Por conseguinte, em toda oração perfeita se devem encontrar estas três partes. Uma delas sozinha não basta, pois que uma só não é capaz de atingir perfeitamente o fim proposto; para isto, é necessária a colaboração de todas.

§1 – Da tríplice deploração da miséria

A deploração da miséria, qualquer que seja esta – culpa cometida, graça perdida ou celeste glória diferida –, deve se compor de três elementos: dor, vergonha e temor. Dor, pelo dano e pelas inconveniências que resultam dessa infelicidade; vergonha, pelo opróbrio e mácula que a acompanham; temor, pelo perigo e pelo castigo que a devem seguir.

A dor origina-se na memória do passado, relembrando a alma: que omitiu, que foram os mandamentos da justiça; o que cometeu, que foram os atos proibidos; o que perdeu, que foram as graças espirituais.

A vergonha decorre do conhecimento do presente, notando a alma – onde está, que é embaixo e longe de Deus, quando estava no alto e perto dele; como está, que é desfigurada pela lama do pecado, quando era uma formosa imagem (de Deus); em que condição está, que é a de escravidão, quando, antes, era a de liberdade.

O temor provém da consideração do futuro, prevendo a alma – aonde vai, que é ao inferno, para onde seus passos a conduzem com rapidez; o que a espera, que é o juízo, ao mesmo tempo inevitável e justo; o que receberá, que será o estipêndio da morte eterna.

§2 – Da tríplice imploração da misericórdia

A imploração da misericórdia, qualquer que seja a graça que se implore, deve ser feita – com intensidade de desejo, segundo nos inspira o Espírito Santo, que roga por nós com inenarráveis gemidos (Rm 8,26); com firmeza de esperança, pois que nos assegura o deferimento de Cristo, morto para nos salvar; com insistência no pedido, porque auxilia as nossas súplicas a intercessão de todas as boas almas.

A primeira nos é inspirada pelo Espírito Santo, porque por Ele é que o Pai nos predestinou ao Filho desde toda a eternidade; por Ele é que renascemos espiritualmente no batismo; por Ele é que somos congregados de modo unânime na Igreja.

A segunda nos é assegurada por Cristo, porque na cruz Ele se sacrificou por nós, neste mundo; porque diante da face de Deus Pai Ele se apresenta por nós (Hb 9,24), na glória do céu; e porque, como sacramento, Ele é imolado pela santa madre Igreja.

A terceira nos é ensinada pela comunhão dos santos, isto é, pelo patrocínio dos anjos que nos guardam, pelo sufrágio dos bem-aventurados que já triunfaram, e pelo merecimento dos justos que ainda combatem.

Quando esses três predicados se acham reunidos é que com eficácia se implora a misericórdia divina.

§3 – Da tríplice adoração a Deus

A adoração que se presta a Deus, qualquer que seja a graça recebida que a provoque, deve ter três qualidades, pois deve nascer em um coração que, para merecer a graça, saiba curvar-se com reverência e amor diante de Deus; saiba dilatar-se de benevolência e gratidão; saiba elevar-se àquela complacência e mútua comunicação, próprias dos esposos, como ensina o Espírito Santo no Cântico dos Cânticos, e nisto se haver com reta ordem de modo a alcançar a maravilhosa alegria e o júbilo que, arrebatando a alma, a fazem exclamar: "Como é bom ficar aqui!" (Mt 17,4). Este deve ser o termo da nossa oração e antes de atingi-lo não devemos desistir, pois este é o centro do tabernáculo admirável, a casa de Deus, o lugar onde ressoa com regozijo a voz do anfitrião (Sl 41,5).

Para suscitar o respeito, admira a imensidade de Deus, e contempla a tua pequenez. Para excitar a gratidão, observa a dignidade de Deus e examina a tua indignidade. Para exaltar a complacência, reflete no calor da divina caridade e na tua frieza para com Deus.

Aliás, é preciso saber que devemos mostrar a Deus reverência porque Ele a merece por três títulos: primeiro, como Pai, pelo qual fomos formados, reformados e educados; depois, como Senhor, pelo qual fomos livrados das faces do inimigo, resgatados do cárcere do inferno e levados à vinha do Senhor; enfim, como Juiz, diante do qual somos acusados, convictos e confessos: acusados pelo brado da consciência, convictos pela evidência da vida pecaminosa, confessos ante a visão da divina sapiência; por tudo o que deve, segundo o direito, ser pronunciada sentença contra nós.

Assim sendo, a primeira reverência que prestamos a Deus deve ser grande, a segunda maior, e a terceira máxima; a primeira ao modo de inclinação, a segunda ao de genuflexão, e a terceira, ao de prostração. Na primeira, nos consideramos pequenos; na segunda, mínimos; na terceira, nulos.

Igualmente devemos, de três maneiras, manifestar a Deus a nossa gratidão: grande, maior e máxima; grande em consideração da nossa indignidade, maior em atenção à magnitude da graça, e máxima em vista da imensidade da misericórdia divina. Grande, pelas coisas que nos deu; maior pelas que nos perdoou; máxima, pelas que nos prometeu: a dádiva, com a natureza; o perdão, com a graça; a promessa, com a superabundância dos dons espirituais... Esse sentimento deve, sucessivamente, encher, dilatar e, enfim, fazer transbordar o nosso coração.

Também de três modos havemos de manifestar a nossa complacência com Deus: primeiro, sabendo que só em si Ele se compraz; segundo, procurando agradar só a Deus; e, terceiro, desejando que todos partilhem estes modos de ver. O primeiro modo é grande, é o do amor gratuito, e por Ele o mundo é crucificado para o homem; o segundo é maior, é o do amor devido a Deus, e por Ele o homem é crucificado para o mundo; o terceiro é máximo, é o amor composto dos dois precedentes, e por Ele o homem é crucificado para o bem do mundo, isto é, dispõe-se a morrer por todos para que todos agradem a Deus.

Este é o estado da perfeita caridade e antes de atingi-lo ninguém se considere perfeito; pois só atingimos esta perfeição quando não só estamos resignados a morrer, mas, também, desejamos avidamente morrer para a salvação dos nossos próximos, conforme o que dizia São Paulo: "De boa vontade darei tudo o que é meu e me darei a mim mesmo para a salvação das vossas almas" (2Cor 12,15).

A este perfeito amor do próximo só se chega depois de haver chegado ao perfeito amor de Deus, por cujo amor se ama ao próximo, que só em Deus pode ser perfeitamente amado.

§4 – Nota suplementar – Os seis graus do amor divino

Para compreender como é possível progredir no amor de Deus é preciso saber que há seis graus pelos quais se sobe aos poucos e metodicamente até ao cume desse amor.

O primeiro é a suavidade, isto é, a aprendizagem de saborear quão suave é o Senhor (Sl 33,9), o que se realiza recorrendo com insistência a santas meditações, porque, conforme diz o salmista, a recordação do pensamento (justo) torna o dia festivo (Sl 75,11). Isso se verifica quando as meditações sobre o amor de Deus enchem o coração de suavidade.

O segundo é a avidez; porque, quando a alma começa a se acostumar àquela suavidade, surge nela um apetite que nada pode satisfazer senão a posse daquele a quem ama. E como isto não se alcança nesta vida, porque Ele está longe, exalta-se continuamente e sai fora de si pelo êxtase do amor clamando como Jó (7,15): "Minha alma e meus ossos querem a morte, porque do mesmo modo como o cervo suspira pelas fontes de água, assim, ó Deus, a minha vos deseja!" (Sl 41,1).

O terceiro grau é a saciedade, que procede mesmo da avidez, porque o veemente desejo de Deus e a elevação nas alturas produzem na alma o fastio de todas as coisas baixas e terrenas. Em nenhuma coisa, a não ser do Amado, pode achar contentamento e como quem está farto, se vem a comer, não sente gosto mas asco pela comida, assim a alma, chegada a este grau de amor divino, sente aversão por tudo quanto é da terra.

O quarto grau é o inebriamento. Consiste em amar a Deus com tanto amor que não só menospreza os prazeres como ainda se compraz nos sofrimentos e, por amor de quem ama, se deleita, como o Apóstolo, nos tormentos, nos opróbrios, nos açoites. Esse estado se assemelha ao do homem que, embriagado, suporta maus-tratos sem padecer.

O quinto grau é a segurança, pois, verificando que ama a Deus a despeito de todas as humilhações e tormentos, a alma sente que, por Ele, sofreria com prazer todas as penas e danos e, superando o temor, se enche de tamanha confiança no divino auxílio que julga não poder ser, por nenhuma força humana, separada de Deus. Neste grau se encontrava o Apóstolo quando dizia: "Quem nos separará do amor de Cristo?... Tenho certeza de que nem a morte nem a vida... nos poderá separar do amor de Deus em Jesus Cristo, nosso Senhor" (Rm 8,35-39).

O sexto grau é a verdadeira e plena tranquilidade, na qual sente a alma uma tal paz e quietação que fica como em silêncio e adormecida e como recolhida na arca onde nada a perturba. De fato, como poderia ser perturbada a alma que nenhuma paixão excita e que nenhum temor inquieta? Nessa alma reina a paz; atingiu o termo derradeiro e o repouso onde jaz o verdadeiro Salomão cuja resistência é a paz (Sl 75,3).

Estes seis graus estão adequadamente representados por aqueles seis graus pelos quais se subia ao trono do rei de Jerusalém. Por isso está no Cântico dos Cânticos: "A subida é de púrpura e o meio está coberto pelo amor" (3,10), porquanto é impossível chegar àquela tranquilidade se não por meio do amor. Alcançado este, porém, se torna fácil ao homem fazer tudo o que dele exige a perfeição, seja trabalhar, seja padecer, ou viver, ou morrer.

Convém, portanto, progredir no amor divino, pois que desse adiantamento derivam todos os bens, os quais se digne conceder-nos Aquele que vive e reina por todos os séculos. Assim seja.

§5 – Recapitulação

Para conservar na lembrança as distinções referidas nos dois capítulos que precedem, note--se que para chegar à perfeição é preciso:

A – pela **meditação** – estimular a CONSCIÊNCIA – exercitando, aguçando e retificando o seu acúleo;

– iluminar a INTELIGÊNCIA – dirigindo, estendendo e fixando os seus raios;

– aquecer a SAPIÊNCIA – concentrando, avivando e levantando as suas chamas;

B – pela **oração** – DEPLORAR a própria miséria – com dor pelo dano, com vergonha pelas máculas e com temor, pelo perigo;

– IMPLORAR misericórdia – com veemente desejo pela graça do Espírito Santo, com firme confiança em Cristo crucificado; com a assistência valiosa do sufrágio dos santos;

– e ADORAR a Deus – com reverência, gratidão e complacência a fim de que Deus inspire respeito, a alma se compenetre de reconhecimento, e da combinação desses dois afetos, como da confirmação das duas proposições, a maior e a menor, de um silogismo, resulte, como conclusão, a perfeita adoração de Deus.

A firmeza e constância nestas práticas farão a alma progredir seguidamente no amor de Deus pelos seis graus já descritos e alcançar aquela perfeita tranquilidade na qual encontrará abundância de paz e aquele descanso que, por fim, deixou o Senhor aos seus apóstolos.

É por isso que o Apóstolo iniciava as suas cartas desejando a graça e a paz: a graça como princípio, a paz como complemento. A Timóteo, porém, desejou, com ambas, a misericórdia, que é a fonte de todas.

Capítulo III

Da contemplação, pela qual a alma alcança a verdadeira sapiência no repouso da tranquilidade, pelo esplendor da verdade, e com a doçura da caridade

§1 – Preâmbulo

Depois de haver explicado como devemos nos aproximar da sapiência pela meditação e pela oração, diremos agora, com brevidade, como se há de chegar a ela pela contemplação.

É pela contemplação que o nosso espírito sobe até à Jerusalém celeste, modelo de Igreja terrestre, conforme está dito no Êxodo (25,40): Olha e faz segundo o modelo que te foi mostrado na montanha. De fato, é preciso que, na medida do possível, a Igreja militante corresponda à Igreja triunfante os merecimentos que aqui se formam aos prêmios que lá se recebem, e os que ainda lutam pela vitória aos bem-aventurados que já receberam a coroa. Na glória, aliás, se encontra uma tríplice prerrogativa que torna perfeita a recompensa que a constitui: a posse eterna da suma tranquilidade; a visão ostensiva da suma verdade; e a plena fruição da suma bondade ou caridade.

Decorre daí a distinção em um tríplice coro da mais alta hierarquia celeste: os tronos, os querubins e os serafins. Para subir das lutas desta vida à bem-aventurança da eternidade é preciso, quanto possível, reproduzir em si a imagem desses três coros celestes, isto é, adquirir o sopor da tranquilidade, o esplendor da verdade e o dulçor da caridade. O próprio Deus repousa nesses três bens e neles habita em seu trono.

Todavia, para possuir qualquer desses três bens, é necessário subir os três degraus que formam os três caminhos da vida espiritual: a via purgativa, para expulsar da alma o pecado; a via iluminativa, para ensinar-lhe a imitação de Cristo; a via unitiva, para realizar a união com Deus.

Cada um desses caminhos tem os seus degraus e por eles é que a alma sobe, partindo do mais baixo até o mais alto, do abismo da sua miséria à montanha da perfeição divina.

§2 – Da via purgativa ou dos sete degraus que conduzem a alma ao sopor da tranquilidade pela confiança em Deus

São estes os sete degraus que conduzem ao somo da tranquilidade:

O primeiro é o rubor que nos sobe às faces quando nos recordamos da ignomínia dos nossos pecados e consideramos a sua gravidade e quantidade, assim como a nossa vergonha e ingratidão.

O segundo é o temor que nos assalta quando pensamos no juízo que nos espera e pelo qual serão avaliadas a devassidão das nossas ações, a cegueira da nossa razão, a dureza da nossa vontade, e a condenação final da nossa alma.

O terceiro degrau é a dor que provém da consciência dos danos causados pelo pecado: a amizade de Deus frustrada, a inocência maculada, a natureza deturpada, a vida terrena dissipada.

O quarto é o clamor pelo qual imploramos o socorro de Deus, nosso Pai, de Cristo, nosso redentor, da Virgem, nossa mãe, e da Igreja triunfante.

O quinto é o rigor pelo qual extinguiremos em nós mesmos o ardor da concupiscência domando a preguiça que esteriliza, a malícia que perverte, a sensualidade que entorpece, o orgulho que envaidece.

O sexto degrau é o fervor pelo qual aspiramos ao martírio na esperança de que por ele Deus nos conceda o perdão completo dos pecados, a purificação total da alma, a satisfação inteira das penas devidas, a santificação perfeita pela graça.

O sétimo e último degrau é o sopor à sombra de Cristo, pelo qual atingimos ao estado final de repouso. Protegido pelas asas divinas (Sl 16,8), o homem se sente em segurança: não o excita mais o calor da concupiscência, nem o abate já o temor do castigo.

A esse estado não se chega senão pelo desejo do martírio; e este não se concebe senão extinguindo os incentivos do pecado; e isto não se alcança senão com o auxílio de Deus; e este não se obtém senão deplorando as próprias faltas; e estas não se deploram senão pelo temor da justiça divina; e este não se sente senão se sentir previamente a vergonha da própria ignomínia. Assim, quem quiser chegar ao somo da tranquilidade suba todos esses degraus na ordem em que os descrevemos.

§3 – Da via iluminativa ou dos sete degraus que levam ao esplendor da verdade pela imitação de Cristo

Os degraus que, pela imitação de Cristo, conduzem ao esplendor da verdade são os sete seguintes: – submissão do entendimento, sentimento de compaixão, olhar de admiração, fervor de devoção, revestimento de semelhança, abraçamento da cruz, intuição da verdade. Esta é a ordem em que devem ser percorridos:

Primeiro considera quem é que sofre e submete a Ele a tua razão para que firmissimamente creias que, deveras, Cristo é filho de Deus, princípio de todas as coisas, salvador dos homens e retribuidor universal dos méritos.

Em seguida, considera as quantidades de quem sofre e uni-te a Ele com afetuosa compaixão, porque Ele é inocentíssimo, mansíssimo, nobilíssimo, misericordiosíssimo.

Em terceiro lugar, considera a grandeza de quem sofre e aproxima-te dele com um olhar de admiração e vê que pela pujança, pela beleza, pela felicidade, pela eternidade Ele é imenso e, assim, admira como a sua pujança foi reduzida a nada, a sua formosura desapareceu, a sua felicidade foi substituída pelos tormentos e a sua eternidade abisma-se na morte.

Considera, em quarto lugar, a causa desses sofrimentos e, transportado de devoção, esquece-te a ti mesmo e contempla a esse que sofre para que sejas resgatado, para que sejas iluminado, para que sejas santificado, para que sejas glorificado.

Em quinto lugar, considera como Ele sofre e, para te assemelhares a Ele, reveste-te da sua graça. Ele sofreu livremente em relação ao próximo, severamente em relação a si mesmo, obedientemente em relação ao Pai, e prudentemente em relação ao inimigo. Esforça-te, por isso, para adquirir, imitando a Cristo, a bondade para com o próximo, a severidade para contigo, a humildade para com Deus e a perspicácia para com o demônio.

Considera, agora, a quantidade dos seus sofrimentos e pelo desejo de imitá-lo abraça a sua cruz. Ele foi acorrentado para que a sua onipotência parecesse impotente; foi insultado para que a sua bondade se tornasse desprezada; foi motejado como um demente, para que a sua sapiência parecesse insensatez; foi supliciado para que a justiça se mascarasse de iniquidade. Assim, tu, para seguir o seu exemplo, deseja o suplício da cruz: injustiça no que receberes, ultraje no que ouvires, desprezo no que vires, tormento no que padeceres.

Enfim, considera o efeito daqueles sofrimentos e penetra com o olhar da contemplação esta deslumbrante verdade: que os sete selos do Livro (Ap 5,5) se abriram porque o Cordeiro padeceu. Este livro é o conhecimento universal das coisas, das quais sete estavam vedadas aos homens e, em virtude da paixão de Cristo, lhes foram manifestadas, e estas foram: quanto é Deus admirável, o espírito inteligível, o mundo desprezível, o paraíso desejável, o inferno detestável, a virtude louvável e o pecado condenável.

Tudo isso é na cruz que perfeitamente se patenteia.

Primeiramente, a cruz mostra quanto é Deus admirável, porque ela manifesta a sua suma e imperscrutável sapiência, a sua suma e irrepreensível justiça, a sua suma e inenarrável misericórdia. A sua suma sapiência frustrou a sagacidade do demônio, a sua suma justiça recebeu o preço da nossa redenção, a sua suma misericórdia entregou seu Filho para nos salvar.

Igualmente, a cruz manifesta quanto é o espírito inteligível, e o manifesta triplicemente: pela benignidade dos anjos, pela dignidade dos homens e pela crueldade dos demônios, pois o filho de Deus foi crucificado com permissão dos anjos, para salvação dos homens e por sugestão dos demônios.

É também a cruz que manifesta quanto o mundo é desprezível, pois nele reina a cegueira, que não quis conhecer a verdadeira luz (Jo 1,9); nele reina a esterilidade, que desprezou Jesus como inútil; e nele reina a injustiça, que condenou e matou o seu Deus e Senhor, seu amigo inocente.

É, ainda, a cruz que mostra quanto o paraíso é desejável, porque nele se encontra o fastígio de toda a glória, a reunião de todas as alegrias, o repositório de toda riqueza. Para nos restituir essa habitação, Deus se fez homem abjeto, culpado e miserável, homem cuja abjeção ocultou a própria sublimidade, cuja culpabilidade escondeu a própria justiça e cuja pobreza revestiu a própria opulência. O nosso Rei se tornou escravo e desprezível para nos elevar à mais alta glória; o nosso Juiz suportou as atrozes penas do castigo para que fôssemos eximidos da culpa do pecado; o nosso Senhor assumiu a extrema miséria para que nós recebêssemos com abundância as suas riquezas.

Em quinto lugar, é a cruz que faz compreender quanto o inferno é detestável, pois que nele só há indigência, vileza, ignomínia, calamidade e miséria. Se a paixão de Cristo foi necessária para apagar e expiar os pecados dos homens, mais necessário será que os próprios pecadores renitentes sofram ali, como justa retribuição, o castigo dos seus malefícios.

Em sexto lugar, é a cruz que patenteia quanto a virtude é louvável, pois mostra quanto ela é bela, preciosa e útil: bela, porque resplandece em Cristo, a despeito dos ultrajes que o cobrem; preciosa, porque Ele preferiu antes perder a vida do que ofendê--la; útil, porque um só ato perfeito de virtude (qual praticou Jesus) bastou para despojar o inferno, abrir o céu e restaurar a terra.

É a cruz, enfim, que evidencia quanto o pecado é condenável, pois a sua remissão exige preço tão alto, expiação tão cruel e tão amargo remédio. Foi preciso que, unidos em uma só pessoa, o próprio Deus e o mais nobre dos homens satisfizessem: pela arrogância extrema, com uma vilíssima abjeção; pela cupidez sem termo, com uma despojadíssima pobreza; e pela sensualidade insaciável, com uma acerbíssima penitência.

Eis, portanto, como tudo se encontra claramente na cruz, pois tudo se pode reduzir aos sete conceitos supramencionados.

A cruz é a chave, a porta, o caminho e o esplendor da verdade. Quem a toma consigo e a carrega, seguindo a direção que apontamos, "não caminha nas trevas, mas possui a luz da vida" (Jo 8,12; Mt 16,24).

§4 – Da via unitiva ou dos sete degraus que conduzem à doçura da caridade pela inspiração do Espírito Santo

Os degraus que conduzem a alma à doçura da caridade pela inspiração do Espírito Santo são sete: solícita vigilância, serena confiança, desejo ardente, sublime transporte, quieta complacência, deliciosa alegria, aglutinante união. Percorridos na ordem indicada, esses degraus elevam a alma à perfeição da caridade e ao amor do Espírito Santo.

É necessário, com efeito, que a vigilância seja solicitada, porque a vinda do Esposo é subitânea; assim é preciso dizer com o salmista: Meu Deus, meu Deus, desde o romper do dia fico vigilante (Sl 62,2), e com o rei sábio: Enquanto eu durmo, vela o meu coração (Ct 5,2), e com o profeta: Durante a noite a minha alma vos cobiça e desde a madrugada o meu espírito vos aguarda no fundo do coração (Is 26,9).

Em seguida, é preciso que seja serena a confiança, pois que é certa a vinda do Esposo; tanto que, com Davi, se pode exclamar: Sois Vós, Senhor, a minha esperança, jamais serei enganado (Sl 30,2) e, com Jó, dizer: Ainda que me venha a matar, é nele que terei esperança (13,15).

Em terceiro lugar, deve ser ardente o desejo para que a sua satisfação seja agradável como o dessedentamento de um sequioso, a fim de repetir com a Escritura: – Assim como o cervo deseja a fonte das águas, assim a minha alma vos deseja, meu Deus!

É mister, ainda, que o transporte sublime a alma até às altitudes celestes, para que ela exclame: Como são belas as vossas moradas, ó Senhor Deus dos exércitos! (Sl 83,2), e repita com a esposa do Cântico: Atraí-me para que eu corra em vosso encalço! (1,3).

Depois, a quieta complacência conserva a alma em suave tranquilidade, como a esposa diante do esposo, de modo que possa dizer com a esposa do Cântico dos Cânticos: – O meu amado me pertence e eu pertenço a ele (2,16).

É então que uma deliciosa alegria enche a alma e ela pode exclamar com o salmista: Do mesmo modo que as aflições em turba contristaram o meu coração, agora as vossas consolações regozijam a minha alma (Sl 93,19), ou, com o Apóstolo: No meio de todas as minhas aflições estou repleto de consolações e superabundante alegria (2Cor 7,4).

Enfim, se encontrará a alma em tal união com Deus que estará como aglutinada a Ele e poderá dizer: Minha felicidade é estar unida a Deus (Sl 72,28) e clamar: Quem me separará do amor de Cristo? (Rm 8,32).

Assim se atinge, ao chegar ao último degrau, o descanso na caridade; mas só é possível chegar a ele subindo, primeiro, os anteriores, na ordem indicada. E se no primeiro se deve apoiar a alma na reflexão, nos demais deve fiar-se, sobretudo, nas afeições.

Assim, a vigilância nos faz considerar quanto é justo, útil e agradável amar a Deus; a confiança, oriunda dessas reflexões, suscita o desejo, e este o transporte, a complacência, a alegria, até que a alma se encontre na perfeita união com Deus, à qual suplicamos que Ele nos faça chegar. Assim seja.

§5 – Recapitulação

Os três caminhos da vida espiritual que acabamos de descrever neste capítulo podem ser descritos de modo mais breve, como se segue.

Na via purgatória os degraus a percorrer são estes: a vergonha da ignomínia, o temor do juízo, a lástima dos prejuízos sofridos, a impetração do socorro necessário, a luta contra o inimigo sempre alerta, o anseio pelo martírio que assegura a recompensa, o refúgio em Cristo para encontrar a tranquilidade.

Na via iluminativa há os seguintes degraus a subir: a identidade de quem sofre, para submeter o espírito à fé; a qualidade de quem sofre, para, unido a ele, sofrer; a grandeza de quem sofre, para encher-se de admiração; o motivo dos seus sofrimentos, para, confiante, agradecer; a natureza desses sofrimentos, para, imitando-o, aceitá-los; a quantidade de tais sofrimentos, para, com ardor, compadecer-se; enfim, o resultado desses sofrimentos para, compenetrado, contemplar a verdade do seu ensinamento.

Na via unitiva são estes os degraus a galgar: a vigilância para ficar alerta à chegada inopinada do Esposo; a confiança para esperar com certeza a sua chegada; o desejo para cobiçar com ardor a sua vinda; o transporte para elevar-se à excelsitude das suas moradas; a complacência para quietamente fruir a sua presença; a alegria para regozijar-se do seu amor; e, enfim, a união para aderir completamente a Ele e assim clamar continuamente no íntimo do coração.

A Vós procuro, meu Deus; em Vós espero, a Vós desejo, para Vós me exalço, em Vós descanso, em Vós me alegro e a Vós me uno por toda a eternidade!

Três notas suplementares

I

Outra classificação dos estágios ou degraus dos três caminhos da perfeição

Os graus da perfeição espiritual poderiam ser classificados de outro modo que o apresentado: triplicando a tríplice repartição que no começo indicamos para conformidade do espírito com a tríplice hierarquia celeste.

São três os sentimentos que devem comover a alma: contrição, gratidão e conformação. Se o homem não houvesse pecado, dois sentimentos bastariam: a gratidão e a conformação – a gratidão em reconhecimento dos benefícios recebidos, e a conformação com Deus em consequência do estado de justiça em que viveria. Mas, depois do pecado, um terceiro sentimento se tornou indispensável para restaurar na alma a imagem de Deus deformada pela culpa: a contrição, que é como um medicamento amargo mais proveitoso. Os pecados cometidos por amor do prazer não podem ser perdoados senão por meio da contrição, que nos faz voluntariamente sofrer.

A contrição se obtém pela consideração das próprias iniquidades, pela lembrança dos sofrimentos de Cristo, e pela compaixão das aflições do próximo.

A gratidão se exprime pela admiração das graças recebidas, a começar pela da criação; pelo reconhecimento da anulação das penas, efetuada pela redenção; e pela ação de graças, suscitada pela libertação dos castigos do inferno. Pela criação Deus deu aos homens a sua imagem, pela redenção o seu próprio sangue, e pela libertação do inferno elevou-o às suas moradas celestes.

A conformação da alma com Deus se verifica pelo conhecimento da verdade, que eleva às coisas superiores; pelo sentimento da caridade, que a estende às coisas exteriores; e pelo ordenamento da vontade, que a reconduz às coisas interiores. A elevação se faz triplicemente pela inteligência, na contemplação do que é divino; pela ciência, na observação da natureza; e pela fé bem-formada, submetendo em tudo a razão aos ensinamentos de Deus. Do mesmo modo, é tríplice a dilatação da caridade: pela sapiência, que dá o desejo das coisas celestes; pela amizade, que faz compreender os seres racionais; e pela modéstia, que ensina o desprezo dos prazeres sensuais. Igualmente, é com tríplice força que se ordena virilmente a vontade: pela estrenuidade, que induz a empreender o que é difícil; pela magnanimidade, que estimula a praticar ações dignas de louvor; e pela humildade, que suscita o amor da vida obscura e rasteira.

Pode-se ainda dizer, por outra forma, que se opera a purificação da alma pela amargura da contrição, a qual será dolorosa em respeito a si mesma, por causa das iniquidades perpetradas; temerosa em relação a Cristo, por compaixão dos seus sofrimentos e reverência dos seus juízos que são latentes, mas inevitáveis, ainda que incertos quanto ao tempo, como dia e hora; e misericordiosa em relação ao próximo, por piedade dos seus desatinos, pena dos castigos que o ameaçam, e confiança no auxílio aos homens oferecido por Deus mediante os méritos de Cristo e os sufrágios dos santos.

Opera-se a iluminação pela conformação da alma com Deus, o que se alcança, primeiro, pelo conhecimento da verdade suprema, o qual eleva o espírito ao incompreensível, o estendo ao ininteligível e o sujeita à fé nas coisas que só a crença entender; em segundo lugar, pelo sentimento da caridade que eleva o coração a Deus, estende-o ao próximo, e retira-o do mundo; enfim, pelo ordenamento da vontade, que a eleva pelo desejo de fazer o que é louvável, estende-a ao próximo pelo desejo de comunicar-lhe o que possui, e a reduz pelo desejo de afastar-se do que é desprezível.

Por último, alcança-se a perfeição por meio da gratidão a qual comporta o louvor pelo reconhecimento da utilidade dos bens recebidos, a alegria pelo exultante conhecimento do alto valor desses bens, e a afeição pela inefável certeza da liberdade inesgotável de Deus, o que acende na alma o desejo de unir-se a Ele para sempre.

II

Os dois modos de contemplar as coisas divinas: pela afirmação e pela negação

O estudo da verdade deve nos elevar até as coisas incompreensíveis, isto é, ao mistério da Santíssima Trindade, o qual podemos contemplar de dois modos: pela afirmação, conforme ensina Santo Agostinho; e pela negação, como ensina Dionísio.

I – O modo afirmativo nos faz perceber que em Deus certos atributos são comuns às três Pessoas, outros relacionam umas com as outras e, enfim, outros são próprios de cada uma delas.

A – Comece, quem puder, por entender e contemplar os atributos comuns, e note que

Deus é o primeiro princípio, a suma perfeição e a suprema bem-aventurança.

Em seguida, considere que em Deus se encontra a eternidade sempre presente, a simplicidade que a tudo satisfaz, e a imobilidade em que todo movimento se origina.

Veja, enfim, que Deus é luz inacessível, espírito invariável, paz incompreensível. Em cada um desses atributos está não só a unidade, como, também, a Trindade.

B – Considere agora o que relaciona cada Pessoa com as demais.

Como a luz produz a claridade e, junto, o calor, assim Deus Pai, que é a luz inacessível, gera o esplendor da verdade, que é o Filho divino, e de ambos procede o calor da caridade, que é o Espírito Santo.

Do mesmo modo, sendo, como Pai, o espírito invariável e o primeiro princípio, Deus gera seu Filho, o Verbo eterno, e de ambos procede, como a ação da palavra e do pensamento, o dom perfeito, que é o Espírito Santo.

Igualmente, sendo a paz incompreensível, Deus é o princípio que gera, como Filho, a imagem dessa paz, e o seu reflexo, o Espírito Santo.

C – Por último, considere os atributos próprios de cada Pessoa:

1º) a unidade pertence ao Pai, porque é o princípio supremo; a verdade ao Filho, porque é a imagem do Pai; a caridade ao Espírito Santo, porque é o nexo, entre o Pai e o Filho.

2º) a potência pertence ao Pai, porque é o primeiro princípio; a sapiência ao Filho, porque é o verbo divino; a benevolência ao Espírito Santo, porque é o nexo, entre o Pai e Filho.

3º) a altura pertence ao Pai, como consequência da unidade e da potência que lhe pertencem; a formosura ao Filho, porque a Ele pertencem a sapiência que resulta da escolha entre ideias diversas, e a verdade, que é uma relação de conveniência entre proposições diferentes e, assim, da combinação de ambas nasce a formosura, que é uma relação de conveniência entre elementos vários criteriosamente escolhidos; enfim, a doçura pertence ao Espírito Santo, porque lhe foram atribuídas a caridade e a benignidade de cuja união não pode deixar de resultar a perfeita doçura.

Encontram-se, pois, em Deus uma altura portentosa, uma formosura maravilhosa e uma doçura deliciosa. É com esse conhecimento que a alma contempla a Deus pelo modo afirmativo.

II – O modo negativo é talvez mais fecundo, porque neste assunto, conforme assevera Dionísio (*De cael. hier.*, cap. 2, § 3): "As afirmações são sempre incompletas, ao passo que as negações são exatas"; e, assim, embora parecendo dizer menos, na realidade exprime mais.

A contemplação se faz por este modo negando a Deus os atributos das criaturas, a começar pelos das mais ínfimas até chegar às superiores.

Essa negação, aliás, encerra o princípio de uma afirmação. Quando se nega: "Deus não é perceptível aos sentidos", implicitamente se afirma: "Deus está acima dos sentidos". Igualmente, quando se diz que Deus não pode ser imaginado ou compreendido, o que se supõe é que Deus está acima de tudo aquilo que se lhe nega.

Este modo de considerar a verdade, ao mesmo tempo que mergulha a inteligência em caliginosas trevas, a conduz mais longe e mais alto do que as reflexões positivas, porque ensina-lhe a se desprender de si mesma e a ultrapassar os seus próprios limites, assim como os de todas as coisas criadas.

Para ser plenamente proveitoso, contudo, este modo de contemplar só deve ser empregado depois de se haver exercido bem o outro. Como a via unitiva supõe, anteriormente, a via iluminativa, assim, também, a negação supõe, primeiro, a afirmação.

Este modo de contemplação é o mais elevado. Mas o seu alcance depende da energia da alma que o exerce e o seu resultado do ardor da sua caridade.

É, pois, conveniente que ela se adiante, quanto possa, na prática do amor de Deus.

III

As disposições da alma
no progresso espiritual

As disposições da alma devem ser conformes aos diferentes estágios do progresso espiritual.

Na via purgativa, que corresponde à primeira hierarquia celeste, convém invocar a Verdade com suspiros e súplicas, como fazem os anjos; escutar a verdade pela leitura e pelo estudo, como os arcanjos; e propalar a verdade pela pregação e pelo exemplo, como os principados.

Na via iluminativa, que corresponde à primeira hierarquia celeste, é mister procurar a verdade, evitando tudo o que dela afasta, como procedem as potências; conservar a verdade, defendendo-a com zelo de tudo o que a altera, como praticam as virtudes; e acatar a verdade, menosprezando e mortificando a si mesmo, como soem fazer as dominações.

Na via unitiva, que corresponde à terceira hierarquia celeste, é preciso adorar a verdade com sacrifícios e louvores, à semelhança dos tronos; admirar a verdade por meio do êxtase e da contemplação, a exemplo dos querubins; e abraçar a verdade com todo o ardor da caridade, à maneira dos serafins.

Os princípios expostos neste opúsculo merecem atento e diligente estudo: porque deles emana, deveras, a fonte da vida.

Clássicos da Espiritualidade

Confira outros títulos da coleção em

livrariavozes.com.br/colecoes/classicos-da-espiritualidade

ou pelo Qr Code

Conecte-se conosco:

- **f** facebook.com/editoravozes
- **◉** @editoravozes
- **𝕏** @editora_vozes
- **▶** youtube.com/editoravozes
- **☎** +55 24 2233-9033

www.vozes.com.br

Conheça nossas lojas:

www.livrariavozes.com.br

Belo Horizonte – Brasília – Campinas – Cuiabá – Curitiba
Fortaleza – Juiz de Fora – Petrópolis – Recife – São Paulo

EDITORA VOZES LTDA.
Rua Frei Luís, 100 – Centro – Cep 25689-900 – Petrópolis, RJ
Tel.: (24) 2233-9000 – E-mail: vendas@vozes.com.br